桂林山水

◎ 主编 金开诚

◎ 编著 孙浩宇
　　　　夏　娱

吉林出版集团
吉林文史出版社

图书在版编目（CIP）数据

桂林山水 / 金开诚著. —— 长春：吉林文史出版社,2011.11 (2023.4重印)
（中国文化知识读本）
ISBN 978-7-5472-0938-7

Ⅰ.①桂… Ⅱ.①金… Ⅲ.①旅游文化−介绍−桂林
市 Ⅳ.①F592.767.3

中国版本图书馆CIP数据核字(2011)第226261号

桂林山水

GUILIN SHANSHUI

主编/ 金开诚　编著/孙浩宇　夏　娱
项目负责/崔博华　责任编辑/崔博华　王文亮
责任校对/王文亮　装帧设计/李岩冰　李宝印
出版发行/吉林出版集团有限责任公司　吉林文史出版社
地址/长春市福祉大路5788号 邮编/130000
印刷/天津市天玺印务有限公司
版次/2011年11月第1版 2023年4月第3次印刷
开本/660mm×915mm　1/16
印张/9　字数/30千
书号/ISBN 978-7-5472-0938-7
定价/34.80元

前　言

　　文化是一种社会现象，是人类物质文明和精神文明有机融合的产物；同时又是一种历史现象，是社会的历史沉积。当今世界，随着经济全球化进程的加快，人们也越来越重视本民族的文化。我们只有加强对本民族文化的继承和创新，才能更好地弘扬民族精神，增强民族凝聚力。历史经验告诉我们，任何一个民族要想屹立于世界民族之林，必须具有自尊、自信、自强的民族意识。文化是维系一个民族生存和发展的强大动力。一个民族的存在依赖文化，文化的解体就是一个民族的消亡。

　　随着我国综合国力的日益强大，广大民众对重塑民族自尊心和自豪感的愿望日益迫切。作为民族大家庭中的一员，将源远流长、博大精深的中国文化继承并传播给广大群众，特别是青年一代，是我们出版人义不容辞的责任。

　　本套丛书是由吉林文史出版社组织国内知名专家学者编写的一套旨在传播中华五千年优秀传统文化，提高全民文化修养的大型知识读本。该书在深入挖掘和整理中华优秀传统文化成果的同时，结合社会发展，注入了时代精神。书中优美生动的文字、简明通俗的语言、图文并茂的形式，把中国文化中的物态文化、制度文化、行为文化、精神文化等知识要点全面展示给读者。点点滴滴的文化知识仿佛颗颗繁星，组成了灿烂辉煌的中国文化的天穹。

　　希望本书能为弘扬中华五千年优秀传统文化、增强各民族团结、构建社会主义和谐社会尽一份绵薄之力，也坚信我们的中华民族一定能够早日实现伟大复兴！

目录

一、"甲天下"的明珠之城

桂林是世界著名的旅游胜地和历史文化名城。地处漓江西岸，以盛产桂花、桂树成林而得名。典型的喀斯特地形构成了别具一格的桂林山水。一句"桂林山水甲天下"传响了桂林这座城市，也奠定了桂林蜚声遐迩的名城格调。桂林山水以山青、水秀、洞奇、石美而享有盛誉。

1982年，国务院公布的首批24个历史文化名城中即有桂林。后来桂林又跟进了

　　"阳朔风景甲桂林"的宣传，更让桂林成为令人神往、不睹不快的风景胜地。2009年，桂林漓江风景区以83公里岩溶水景入选中国世界纪录协会世界最大的岩溶山水风景区，成为中国旅游的又一世界之最。桂林成了名副其实的山水明珠之城。

（一）桂林概况

1.重要的地理位置

　　桂林地处南岭山系西南部，广西壮族

自治区东北部。位于湘桂走廊南端，平均海拔150米，北面及东北与湖南省交界，西面及西南与柳州地区相连，南面及东南与梧州市、贺州市相连，毗邻广东省，交通发达，自来是战略要地。桂林地势北高南低，多为石灰岩岩溶地区。市辖秀

峰、象山、七星、叠彩、雁山五城区和灵川、兴安、全州、临桂、阳朔、平乐、荔浦、龙胜、永福、恭城、资源、灌阳十二县。

2.名城的历史变迁

桂林历史悠久，是一座具有2000多年历史的文化名城，桂林先后成为郡、州、府、县治的所在地。远在一万年前，桂林宝积岩和甑皮岩洞穴已有先民居住。上古三代，桂林一直是"百越"人的居住地。贾谊《过秦论》记载：（秦国）"南取百越之地，以为桂林、象郡。"这是指公

元前214年，秦始皇开凿灵渠沟通湘漓水系，置桂、象、南海三郡，这就是"桂林"名称的最早起源，而桂林也拉开了与华夏文化充分融合的序幕。自此，桂林就成为中国西南部各民族聚居的重镇，兼具军事、经济、文化中心的功能。在很长一段历史时期内，桂林一直是王公贵族镇守西南的驻地，也曾是广西乃至西南的区域性首府。

桂林在明代之前多被称为"桂州"。民国后改桂林县，1940年始设桂林市，曾长期作为广西省会。广西简称"桂"，又被誉为"八桂大地"，这都与桂林有关。1981年、1983年阳朔、临桂开始划归桂林市管辖。1998年9月8日，经国务院批准，桂林市和桂林地区合并，组建成现在的桂林市。

3.多彩的地域风情

鬼斧神工的山川秀水与多姿多彩的民族风情相互辉映，构成了桂林独特的地域风情。从地理位置上看，桂林地处湘江

流域与珠江流域之间，而论文化形态，桂林却更接近长江流域，包括方言口音都更像四川、湖北等地。

桂林境内有壮、苗、瑶、侗等28个少数民族共70多万人，占全市总人口的8.5%左右，多民族汇聚的淳朴民风、独特的地域文化，诸如农耕、游牧、节庆、服饰、饮食起居、婚丧、建筑、语言文字、宗教信仰等，构成了一幅浓郁而又色彩斑斓的民俗风情画。

壮族同胞是开朗热情的民族，喜好歌唱，善于用歌声来赞美生活，表达情感。古有刘三姐，今有木叶歌，壮族同胞不分男女老少都是唱歌能手，无论是生产劳动、婚丧嫁娶，还是逢年过节、祭神祈福，都少不了壮族人美妙动听的歌声。壮族有三月三歌节。有个"赛歌择婿"的故事。从前，有位壮族老歌手的闺女长得十分美丽，又很会唱山歌，老人希望挑选一位歌才出众的青年为婿。各地青年歌手纷纷赶来，赛歌求婚，这就是壮族三月三歌节的由来。从此，每逢歌节这一天，男女青年盛装打扮汇集到一起，通过对歌显示才能、交流思想、披露心声，找寻自己的意中人。壮族人还有著名的壮锦，现在壮族人美丽大方的民族服装就是由壮锦作成的。

苗族文化极其丰富。苗族人能歌善舞。有刺绣蜡染，工艺独特。苗族人崇拜自然，信仰万物有灵，在漫长的历史中孕育出了很多富有民俗风情的传统节日，正

月有踩花山、古隆坡会，二月有爬坡节、姊妹节，三月有杀鱼节、挑葱会，四月有四月八、牛王节，五月有跳花节、龙舟节，六月有闹鱼会、吃新节，七月有赶秋场、新米节，八月有古隆坡会、中秋节，九月有烤鱼节、尝新米节，十月有苗族最重大节日——苗年，十一月有牯脏节。苗族的旧年和汉族的春节相似，农历十二月下旬，家家舂糯米，买年货，出嫁的女子也随同丈夫回娘家，到正月初七才能回夫家。苗族还有除夕洗脚的习俗。沈从文先生的散文给我们留下了苗族人美丽的爱情故事和民族风情。

瑶族住高山区，大桶药浴，淋漓痛快，驱风去病，实属民间一绝。农历5月14日是瑶族的打旗公节，粽子祭祖，祈祷丰年。龙胜境内的瑶族分为盘瑶、花瑶和红瑶。盘瑶因崇拜"盘瓠"而得名，又名过山瑶；花瑶因其妇女服饰花色花纹多而得名；红瑶妇女服装分饰衫、花衣、便衣三种，从红瑶妇女的头饰就可区分少女、未婚妇女、已婚妇女。

侗族人热情爽朗。一杯拦路酒，醉人心扉。一曲拦路歌，情真意切。"月也"拦路歌是侗族迎客送客时所唱，"月也"是侗语，意为集体出访做客，多在每年的农历正月和八月。侗族擅长建筑，宏伟壮观、凌厉飞扬的鼓楼和风雨桥，是龙胜侗乡的重要标识。这些建筑全杉木结构，凿榫穿枋，架挑对接，吊脚悬空，不用一钉一铆，体现出一种朴素。

瑶族人善舞，尤以长鼓舞、捉龟舞、黄泥鼓舞、盘古兵舞、八仙舞、白马舞、

狩猎舞、蝴蝶舞、三元舞、师公舞最为盛行，在每年农历十月十六日、七月初七、六月初六等瑶族节日里都可以欣赏到瑶族精彩的舞蹈表演。

（二）山水盛誉

"桂林山水甲天下"的由来

桂林自古享有"山水甲天下"的美誉，是中国乃至世界重要的旅游胜地。桂林风景秀丽，以漓江风光和喀斯特地貌

为代表的山水景观，有山青、水秀、洞奇、石美"四绝"之誉，是中国自然风光的典型代表和经典品牌。"千峰环野立，一水抱城流"，景在城中，城在景中，是桂林城市独具特色的魅力。

游桂林，独秀峰是必去之地。独秀峰有一镇山之宝，便是"桂林山水甲天下"的石刻。

"桂林山水甲天下"的诗句一直作为点评桂林山水景色的不朽名句，但此语出自何人之口却悬而未决。在2001年举行的"桂林山水甲天下"诗作研讨会上，中国诗词、文博专家一致认定：此句出自南宋王正功的诗作。

"桂林山水甲天下"的名句，从清末到20世纪80年代，在学术界一直争论不休。曾经比较流行的说法是：南宋宝祐六年（1258年），李曾伯在《重修湘西楼记》中写下了"桂林山川甲天下"之句；清光绪壬午年（1882年）广西巡抚金武祥在

《漓江诗草》中把李曾伯写的"山川"改为"山水"，写成了"桂林山水甲天下"的诗句。

20世纪80年代中期，桂林市文物工作者对独秀峰石刻进行全面调查清理，发现一块自明清以来就从来没有被人知道过的摩崖石刻，上面一字不差地刻有"桂林山水甲天下"的字句，书写者是南宋庆元、嘉泰年间担任过广西提点刑狱并代理静江知府的四明（今浙江宁波）人王正功，他于1201年刻在独秀峰的读书岩口，后来被溶岩遮盖。此次发现及随后的论证结束了百年的不休争论。

二、桂林四绝

　　桂林山水之所以备受青睐，享有盛誉，是因其汇集了"山青、水秀、洞奇、石美"四绝。唐朝诗人韩愈的"江作青罗带，山如碧玉簪"的诗句，是桂林山水的最佳写照。因此四绝，桂林从古至今让无数游人陶醉其景，吸引了无数的文人骚客。桂林风景区是世界上规模最大、风景最美的岩溶山水游览区，成为了中国最具魅力特色的景点之一。

（一）山青

桂林的山，青是色，奇、秀、险是其神韵。桂林的山妩媚、秀美、各具姿色。一座座拔地而起，各不相连，或像老人、像巨象、像骆驼，奇峰罗列，形态万千；或像翠绿的屏障，像新生的竹笋；再或是危峰兀立，怪石嶙峋，意蕴万千。

象鼻山：桂林的象征

象鼻山位于桂林市东南漓江右岸，山因酷似一只大象站在江边伸鼻吸水，因此得名，是桂林的象征、城徽，是大自然三亿六千万年前让人不可思议的作品。象鼻伸入漓江形成的水月洞，有如一轮明月

静浮水面，集奇石、秀水、倒影于一体，成为历代诗人吟咏不绝的千古题材，是游人到桂林的必游之地。

由山的西边拾级而上，可达象背。山上有象眼岩，左右对穿酷似大象的一对眼睛，由右眼下行数十级到南极洞，洞壁刻"南极洞天"四字。再上行数十步到水月洞，高1米，深2米，形似半月，洞映入水,恰如满月,到了夜间明月初升,象山水月,景色秀丽无比。宋代有位叫蓟北处士的游客,以《水月》为题写下这样的绝句:"水底有明月,水上明月浮。水流月不去,月去水还流。"

与真实的大象相比,这只象刻画出了中国国画的古典美。正是这只象,成为桂林的城徽,也是桂林各民族共同崇奉的神圣图腾。

伏波山:伏波胜境,文渊荟萃

伏波山位于桂林市中心漓江边,它孤傲挺拔,半枕陆地半插漓江,漓江流经这里,被山体阻挡而形成巨大的回流,古人取"麓遏澜洄",制伏波涛的意思,名其为伏波山。

伏波山据说是东汉年间伏波将军马援为了平定洞苗叛乱在此屯兵而留

下的古迹。伏波山下有块倒垂的钟乳石与地面欲接未接，据说是伏波将军的试剑石。

伏波山素以岩洞奇特、景致清幽、江潭清澈而享有"伏波胜境"的美誉。山腹的还珠洞穿山而过，直通江边，洞内存留着的唐、宋石刻、摩崖造像以及历代名人在此留下了赞美诗词，让人感慨他千古不变的永恒魅力！

叠彩山：江山会景处

叠彩山是唐代桂管观察使、文学家元晦开发的旅游胜地，按照《图经》"山以石文横布，彩翠相间，若叠彩然"而将其命名为叠彩山。叠彩亭、于越山、四望山、仰止堂、风洞、望江亭、拿云亭、明月峰、仙鹤洞、木龙洞、叠彩琼楼……处处胜境。

在叠彩亭看"叠彩"美石；在风洞感受习习凉风、观赏摩崖石刻造像；驻足望江亭看两江四湖风光；登明月峰顶鸟瞰桂林全景。隋唐时游览就"车马为之阻塞",今天更是游人如织,被称为"江山会景处"。山上还有明末抗清志士殉难的遗迹和古碑。叠彩山麓的双忠亭,怀念的是南明时期壮烈牺牲的瞿式耜和张同敞两位先贤。

独秀峰:南天一柱

独秀峰位于桂林市区王城内。它平地拔起,孤峰独秀,群峰环列,为万山之尊。人们早用"南天一柱"来形容它的挺拔。南朝文学家颜延之咏为"未若独秀者,峨峨郛邑间",算现存最早的桂林山水诗了。

读书岩相传就是这位著名文学家的读书之处。唐人郑叔齐称"不籍不倚，不骞不崩，临百雉而特立，扶重霄而直上"。明代大旅行家徐霞客在桂林旅游月余，却因未能登上此峰为憾。清袁枚留诗曰："来龙去脉绝无有，突然一峰插南斗。桂林山形奇八九，独秀峰尤冠其首。三百六级登其巅，一城烟火来眼前。青山尚且直如弦，人生孤立何伤焉！"从西麓拾级而上，登306级石阶即可到达峰顶，在此俯瞰，桂林数十里奇山秀水一览无余。这就是袁枚笔下的登岚美景。独秀峰又名紫金山。山麓有"桂林山水甲天下"石刻、月牙池等景点。

龙脊梯田：天人合一

龙脊梯田位于龙胜县东南部和平乡境内，有一个规模宏大的梯田群，如链似带，从山脚盘绕到山顶，小山如螺，大山似塔，层层叠叠，高低错落。其线条行云流水，潇洒柔畅；其规模磅礴壮观，气势

恢弘，有"梯田世界之冠"的美誉，这就是龙脊梯田。 龙脊梯田距龙胜县城27公里，距桂林市80公里，景区面积共66平方公里，梯田分布在海拔300至1100米之间，坡度大多在26至35度之间，最大坡度达50度。虽然南国山区处处有梯田，可是像龙脊梯田这样规模的实属罕见。龙脊梯田始建于元朝，完工于清初，距今已有650多年历史。龙脊开山造田的祖先们当初没有想到，他们用血汗和生命开出来的梯田，竟变成了如此妩媚潇洒的风景世界。在漫长的岁月中，人们在大自然中求生存的坚强意志，在认识自然和建设家园中所表现的智慧和力量，在这里充分体现出来。

猫儿山：华南第一峰

猫儿山景区处于桂林"金三角"旅游区的中央，主峰海拔2141.5米，号称"华南第一峰"，是漓江、浔江、资江发源地，是桂林漓江山水的"命根子"。景区内风景

秀丽，气候宜人。华南绝顶、穿仙洞、通天道、华南虎、猫岳佛光、睡美人、铁杉荟萃、漓江源、杜鹃花廊、龙潭、十里大峡谷、剑崖大瀑布以及1996年发现的美国二战援华飞机（飞虎队）失事之地等是猫儿山的代表景色。

月亮山："中国最美的乡村"

月亮山位于桂林市平乐县青龙乡郡塘村，是目前中国所有月亮山当中最秀丽、最险峻，也是最具有旅游开发价值的。当地村民正准备把这里建设成为中国最美的乡村。同时，这里也非常适合户外攀岩运动。

八角寨：品味丹霞之魂

八角寨又名云台山，主峰海拔814米，因主峰有八个翘角而得名，丹霞地貌分布范围40多平方公里，其发育丰富程度及品位世界罕见，被有关专家誉为"丹霞之魂""品位一流"。其山势融"泰山之雄、华山之陡、峨眉之秀"于一体。八角寨东、西、南三面均为悬崖绝壁，只有沿着西南坡的一条古老、陡峻崎岖的曲径可登山顶。登斯山顶，方晓天地之博大，悟人生之真谛。景区中的眼睛石完全出自大自然的鬼斧神工，栩栩如生，形神毕肖，令游者和文人骚客浮想联翩，遐思泉涌。云台山八角，险、峻、雄、奇、秀、幽自然结合，似鬼斧神工凿就。其一角名叫"龙头香"，横空出世，宛若巨龙昂首欲飞、上接苍穹，下临深渊，山势雄伟险峻，堪称一绝。

尧山：桂林佳境

来桂林旅游一定要上尧山游玩，不管哪个季节尧山的美景一定不会让你失望。因为尧山是以变幻莫测、绚丽多彩的

四时景致闻名于世,它将桂林山水的四季图表现得淋漓尽致。春天,满山遍野的杜鹃花将一座层峦叠嶂的大山打扮得姹紫嫣红;夏天,满山松竹、阵阵碧涛、山川竞秀、郁郁葱葱;秋天,枫红柏紫、野菊遍地;冬天,雪花纷扬,白雪皑皑、冰花玉树,别有一番情趣。乘观光索道可直达尧山之顶,极目四望,山前水田如镜,村舍如在画中,千峰环野绿,一水抱城流的桂林美景尽收眼底,峰海山涛,云水烟雨的桂林山水就如同一个个盆景展现在您的眼前。因此,尧山被誉为欣赏桂林山水的最佳去处,在山顶向东南方望去。巨大的天然卧佛,犹如释迦牟尼睡卧于莲蓬之上,这是迄今发现的最大的天然卧佛。

这里还有全国保存最完整的明代藩王墓群——靖江王陵，它规模宏大辉煌，所出土的梅瓶名扬四海。

天门山：百卉谷生态景园

山形峻秀，岩壑多奇，源于典型的丹霞地貌。其三十八岩、十九涧、二潭、六泉、八石等构成"百卉谷生态景园"。汇天下本草于一地的百药谷，药香盈溢。主峰"三娘石"宛如一柱擎天，"天门壁画""天脊""一线天""忘忧泉""桃花岛""天门古寺"等20多处绝好佳景，汇聚成仙山琼阁之境。

七星山：天上北斗，人间七星

七星景区位于桂林市区漓江东岸边，因七峰并峙，宛如天上的北斗七星而得名。可谓是"天上北斗，人间七星"。一千多年前的隋唐时期七星景区就形成了"北斗七星""栖霞真境""月牙虹影""驼峰赤霞""龙隐奇迹"等名胜。骆驼山因酷似一匹伏地的单峰骆驼而得名。被誉为桂林市的第二城徽。每当晚霞初现，红光洒照骆驼山上，则又演绎了一张桂林八景图——驼峰赤霞。整个景区集山、水、洞、石、庭院、建筑、文物的精华，是桂林公园的杰作。内有始建于宋代，距今已有700多年历史的花桥。花桥全长130多米，分为水桥和旱桥两部分组成，而水桥的四个石拱与水中的倒影状如四轮满月，人称"花桥虹影"。这里还有中国最大的花岗石浮雕"华夏之光"。该浮雕长106米，高5米，从医学、文化、科技、农业、建筑等等方面反映了中华民族上下七千年的灿烂文明。其中"华夏之光"四个字由美籍华人、诺贝尔物理学奖获得者——李政道先生亲笔题写。矗立壁画中央的是高4.5米，由一整块重达30吨的曲石雕凿而成的四足举鼎。鼎四壁均刻有各种吉祥图腾，刀法古朴，构图新颖，寓华夏神州祥和昌盛之兆。

（二）水秀

漓江：玉带神韵

漓江是桂林之魂。漓江风景区之所以是世界上规模最大、风景最美的岩溶山水游览区，千百年来都让人流连忘返，其灵魂就是北起兴安灵渠、南至阳朔一带的漓江。可以说，是漓江点化了"桂林山水甲天下"的神韵。

漓江这条玉带，"水绕青山山绕山，山浮绿水水浮山"，被誉为世界上最长最美的画廊。漓江发源于兴安县猫儿山，从桂林到阳朔83公里水程，漓江像蜿蜒的玉带，缠绕在苍翠的奇峰中，造化为世界上规模最大、景色最为优美的岩溶景区。漓江风光尤以阳朔为最，"桂林山水甲天下，阳朔山水甲桂林；群峰倒影山浮水，无山无水不入神"，高度概括了阳朔自然风光的美。

乘舟泛游漓江，可观奇峰倒影、碧

水青山、牧童悠歌、渔翁闲钓、古朴的田园人家——无处不诗情画意。

黄牛峡：九牛戏水

漓江流经此处，方向陡转，一分为二，将山前的江滩分为三个小洲，江水拍击三个洲头，洲上绿草如茵，芦竹交错，偶见牧童悠闲。江中有九块石头，传说为九头牛所化，故称"九牛戏水"。 过黄牛峡后，在漓江西岸即见望夫山。山巅上有仙人石，如一穿古装的人正向北而望；山腰处一石如背着婴儿凝望远方的妇女。

半边渡：出水芙蓉

半边渡离绣山约2公里处，江左岸有一驼形石山。这里石壁险峻，峰峦如朵朵出水芙蓉，倒映于绿波碧水之中，正是"此地江山成一绝，削壁成河渡半边"。

杨堤风光：十里翠屏

在漓江西岸的鸳鸯滩下，距桂林约46公里处。杨堤两岸翠竹成林，连成十里的绿色翠屏，摇曳在青山、秀水、飞瀑、浅滩之间，给人以清幽、宁静之感。

从杨堤村后的人仔山眺望杨堤，映入眼帘的更是一幅绚丽多彩的自然风光：洲上阡陌纵横，庄稼如茵；山村竹树葱茏，炊烟袅袅；水上渔筏摇曳，鸬鹚斗水；山涧牛羊欢叫，牧笛悠扬。如果遇到阴雨天气，就能目睹漓江著名的"杨堤烟雨"景观——就像中国山水画，群峰绿水之间，景物隐约迷离。

浪石风光：幻景天成

在漓江左岸林茵翠海中,可见青砖黛瓦村舍依江而立,叫浪石村。到此,就进入漓江景区的山水精华所在,两岸奇峰罗列,水曲天窄,右岸有大黄山、文笔峰、笔架山、狮子山等,高低错落;左岸有观音山、白兔山、金鸡岭等,千姿百态。游览至此,但知船伴山行,不觉山回浪转,前望水穿江峡,旁视峡衬帆影;或则云遮雾绕,烟波渺渺,山川隐约,幻景天成。

九马画山:奇物在人间

九马画山在漓江东岸画山村附近,距桂林约60公里处。它五峰连属,临江石壁上,青绿黄白,众彩纷呈,浓淡相间,斑驳有致,宛如一幅神骏图,因有九马画山

之名，简称画山。九马栩栩如生，神态各异，或立或卧，或奔或跃，或饮江河，或嘶云天，正如清代诗人徐沄的诗所赞叹的："自古山如画，而今画似山。马图呈九首，奇物在人间。"

黄布滩：最美丽的漓江倒影

黄布滩因滩底有一块米黄色的大石板，似一匹"黄布"而得名。漓江山色美，美在倒影中。漓江倒影要数黄布滩最美丽、最醉人了。这里水平如镜，清澈澄碧，绿竹护堤，倩影婆娑，山峦、翠竹、蓝天、白云倒映在碧水之中，山水一体，水天一色。最能概括此景的是清朝诗人袁枚的

名句:"分明看见青山顶,船在青山顶上行。"

兴坪镇:漓江风景荟萃之地

四周山峦奇秀,景观丰富;东有僧尼相会、狮子望天、罗汉晒肚诸景;北有寿星骑驴、骆驼过江等山;西有笔架山和美女峰;南面地势开阔,螺蛳山、鲤鱼山和远出群峰相衬,高低错落,疏密相间。

漓江在这里回旋曲流,幽深澄碧,把江两岸的景色,皆泼墨于水面。疏林、新篁、红帆、农舍则好像镶嵌在山水画中。景色之妙,难以彩绘笔录。

遇龙河:田原牧歌式的回归

遇龙河是漓江在阳朔境内最长的一条支流,全长43.5公里,流域面积158.47平方公里,流经阳朔县的金宝、葡萄、白沙、阳朔、高田等5个乡镇、20多个村庄,人称

"小漓江",不是漓江胜似漓江。

整个遇龙河景区，没有任何现代建筑、人工雕琢痕迹，一切都那么原始、自然、古朴、纯净，实为桂林地区最大的纯自然山水园。国内外专家一致确认："遇龙河是世界上一流的人类共有的自然遗产。"遇龙河两岸一派田园风光，赏心悦目。天平绿洲、情侣相拥、平湖倒影、夏棠胜境、双流古渡、梦幻河谷等等，让人仿佛进入了天人合一的诗意境界，返璞归真的自由天地。广西最著名的三座古桥——遇龙桥、仙桂桥、富里桥都在遇龙河景区；而被誉为"将军府第""进士楼阁"的旧县村就在遇龙河畔；唐代归义县遗址、潘庄遗址、徐悲鸿画室、明清时期留下的

古宅民居，使人顿生怀古忆旧之情。

资江：别具一格的山水画廊

　　资源县境内最大的一条河，发源于华南第一峰猫儿山东北麓，浩浩北去，流入湖南省境内，最后注入洞庭湖，属长江水系。资江漂流河段自县城下游5公里至梅溪乡胡家田，全程22.5公里，下45个滩，拐31道湾，既有自己别具一格的雄伟险峻，又有桂林漓江的清纯秀丽。著名诗人贺敬之盛赞"资江漂流，华南第一"。资江两岸植被保护良好，流量、流速相对稳定，似一条玉带穿梭于奇山峻岭之间。漂流风光旖旎的资江，犹如步入一条长长的山水画廊。

五排河：幽谷探秘好地方

五排河位于华南第一峰猫儿西南麓，发源于海拔1883米的金紫山，是资源县境内第二大河，流经车田、两水、河口三个民族乡后，滔滔西去，汇入柳江，最后流入珠江，属珠江水系。一县之内的两条大河，分属长江、珠江两大水系，成为资源旅游的一大显著特点。

五排河从车田到河口30余公里的河段，是漂流览胜的好去处。乘竹筏或橡皮船漂流五排河，简直就是置身于幽谷探秘。峡深谷幽，滩险流急，山高石奇，两岸风光优美，民俗风情浓郁，一切尘世间的

喧嚣顿然销声匿迹,江流把人带进了一个
古朴、原始的纯自然境界。

宝鼎瀑布: 银色巨龙破云天

宝鼎瀑布发源于华南第二高峰真宝
鼎,似一条银色巨龙穿破云天,气势磅
礴,声籁清绝。瀑布水流量大,落差近700
米,从瀑顶到瀑底,几经周折,形成九级
直落宝鼎湖。明代旅行家徐霞客赞之:
"悬崖飞瀑,长如布、转如倾、匀成帘。"
宝鼎湖面积为705亩,最深处50米,平均
深度35米,犹如一面大明镜镶嵌在群山之
中,泛舟其上,湖光山色,尽入眼帘,令人
心旷神怡,流连忘返。

（三）洞奇

桂林溶洞是桂林山水的又一名片，数量多，景观奇，风景幽。目前，桂林发现洞穴遗址总数71处，是中国洞穴遗址最多的城市。目前已开发有芦笛、七星、穿山、白龙、聚龙、莲花、碧莲、冠岩、丰鱼、罗汉肚、神宫、金山、碧水、都乐、白莲共15个钟乳石溶洞。

芦笛岩：桂林山水的璀璨明珠

芦笛岩是一个地下溶洞，深240米，长约500米，最宽处约90米，景色奇彩绚丽。芦笛岩内钟乳石、石笋、石柱、石幔、石花玲珑多姿，景象万千，由此所组成

的雄伟"宫殿"、高峻"山峰"、擎天"玉柱"、无边"林海"无比雄奇瑰丽，耀眼夺目，因此芦笛岩享有"天然艺术宫"之美称。洞内主要景点有狮岭朝霞、石乳罗帐、青松翠柏、盘龙宝塔、云台揽胜、帘外云山、原始森林、琉璃宫灯、远望山城、幽景留听等。

七星岩：地下天然画廊

七星岩与芦笛岩并列为"桂林两大奇洞"。位于市东普陀山西侧山腰，原是地下河，现为以洞景制胜的风景游览点。洞内分上、中、下三层，上层高出中层8到12米；下层是现代地下河，常年有水；中层距下层10至12米。供人游览的中层，犹如一

条地下天然画廊，游程长达800米，最宽处43米，最高处27米。洞内钟乳石遍布，洞景神奇瑰丽，琳琅满目，状物拟人，无不惟妙惟肖。主要景点有石索悬锦鲤、大象卷鼻、狮子戏球、仙人晒网、海水浴金山、南天门、银河鹊桥、女娲殿等。景物奇幻多姿，绚丽夺目。

永福岩：未来桂林最美的洞穴

永福岩位于永福县。它既有大量发育、广泛分布的次生碳酸钙沉积形态景观，又有美不胜收的池、塘及瀑布景观，还有千变万化的断面形态及蚀余小形态景观，是桂林旅游区许多游览洞穴所不具备的，最能代表桂林岩洞的特点。洞内

空气质量为一级优良标准。岩洞的非岩溶丘陵区植被覆盖良好，郁郁葱葱，开放度极高。

（四）石美

以石灰岩地貌为主的桂林，岩溶地貌发育很好，也最为典型。其间河谷开阔平缓，山峰平地拔起，孤峰、峰丛、峰林环布，石美由此而来。

"喀斯特"奇观享誉世界

在桂林青山绿水的天然图画中，自然奇石怪岩同样绰约风姿。

原来亿万年前桂林是海底，沉积了

一层又一层的石灰质、泥质、沙质而形成沉积岩。由于后来地壳上升运动，桂林变成了陆地。沉积岩却很脆很松，受到挤压的岩层就容易弯曲起来，或者干脆断裂上升或下沉，地面就高低不平，形成群山峻峭。后来这些岩石不断受到自然水的淋洗，而沉积岩有丰富的缝隙，当地质变动又加深了岩体的裂缝，因而增加了岩体的透水性。自然界的水又含有各种酸类，使碱性的石灰质不断被溶解、被侵蚀。而侵蚀空了的岩体则会崩塌下来成为溶洞。被溶解了的石灰质则随水流到别的地方，当水分被蒸发掉而重新沉积下来，成为各种形态的石钟乳、石笋、石柱。这就将地上和地下的特色组合成有名的"喀斯特地貌"。

"桂林石"独具魅力

经过多次强烈的地壳运动形成一系列断裂破碎带，构成了色泽各异、品类繁多的彩卵石、腊卵石。通常人们就将这些彩卵石、腊卵石称为桂林石。

"碑林石刻"集大成者

桂林象征之象鼻山就有历代石刻文物50余件，多刻在水月洞内外崖壁上，其中著名的有南宋张孝祥的《朝阳亭记》、范成大的《复水月洞铭》和陆游的《诗礼》。有历代摩崖石刻3000多件，其中"桂海碑林""西山摩崖石刻"最为著名。在漫长的岁月里，桂林的奇山秀水吸引着无数的文人墨客，使他们写下了许多脍炙人口的诗篇和文章，刻下了两千余件石刻和壁书，这些独特的人文景观，使桂林得到了"游山如读史，看山如观画"的赞美。

三、山水传说

（一）嫦娥手笔

很久很久以前，桂林这个地方既没有山，也没有水，更谈不上人烟繁盛，桂树成林。那么，桂林这个地方，为什么会生长出成林的桂花树？为什么会有奇山秀水而名满天下呢？这还得从王母娘娘的蟠桃盛会说起。

王母娘娘的蟠桃盛会被孙悟空搅

乱后，开不成了，天上四位鼎鼎大名的仙女——嫦娥、织女、麻姑和元女便呼朋引伴，饱览瑶池的风光去了。一路上但见那仙山琼阁，玉树银花，天池荷开，凤鸾和鸣，好一派仙家胜境。麻姑突发奇想说："转了一圈，瑶池不过如此，凭我等的法力，也可造一座出来。"嫦娥当即赞同："说的是，我等何不找个地方，各施法力，也造座瑶池乐乐。"元女小心地说："触犯了天条，可不是闹着玩的。"织女心生一计："那我们到人间去，远离是非之地。"嫦娥道："我等不如即刻分头下界，各造一园，看谁技高一筹。"三位仙女听了，抚掌称妙。于是商定，看谁三天之内能在人间造一座最美丽的林园。

按下嫦娥不表，先说其他三位仙人。麻姑、织女、元女各展慧眼，大逞妙手，麻姑造出了被称为"天下第一奇观"的云南石林；织女造出了杭州的西湖美景；元女则造出了山河形胜、牡丹花开的河南洛阳，如今都是天下绝妙的美景之地。眼看三天期限将满，嫦娥还没有选中一如意的地方。再看看姐妹们各有擅长，志得意满，嫦娥很是焦急。她焦急地往南飞去，忽然她看到了如今这个叫作桂林的地方，但见赤地荒野，无水无山，老百姓生活苦

不堪言。嫦娥不觉动了恻隐之心，决定改天换地，再造桂林。

于是，嫦娥从月宫中取来桂花树种，仙袖一拂，便植下漫野桂花树来。"桂林，桂林，桂树成林。"此后才有"桂林"这个地名。嫦娥又驾着五彩祥云，来到北方的崇山峻岭之间。她向群山吹了一口仙气，一座座大山立刻变成了一匹匹高头骏马，她骑上一匹快马领头，马群便乖乖地随奔南方而来。经过长途艰难跋涉，终于把马群赶到了桂林。嫦娥按照自己设计的图样，将马群变成石山并作了巧妙的安排：这里放三座，那里垒五堆，东边置一座大山，西面摆一排小山，如今你看——那高高的猴山就是当年的领头马啊，那马鞍山就是当年嫦娥坐过的马鞍呢……那些石马也像是领会了嫦娥的心意，变成一座座挺拔俊俏而又姿态各异的青山。山上长满绿树，浓荫覆盖，桂林的山就一天比一天更美丽更奇巧啦。嫦娥巧摆石山，使桂林群峰耸立，奇洞幽深，配上原来的桂花树林，真成了百里大花园。遗憾的是没有水，比起杭州西湖来，就显得美中不足，略逊一筹了。嫦娥想仿效织女，到瑶池"借水"，可是王母娘娘早已发觉，将织女监禁起来，并派天兵天将把瑶池看管得严严实实；就连那偌大的天河，也把守得滴水不漏。这天，嫦娥正在桂林花林

中绞尽脑汁想办法，赶巧南海观音正从桂林上空经过，被桂花的冲天香气吸引，便循香察看，见到这里处处奇峰林立，挺拔秀丽，千姿百

态，巧夺天工，禁不住喜形于色，赞不绝口。可当她环视四野，纵目八方，也不由得感叹道："善哉、善哉！只可惜少了一条江河，损折了许多灵气。"嫦娥一听，正中下怀，忙不迭跑到菩萨面前道："大师所言极是，我正为此发愁呢！"菩萨闻言玉口一开："这有何难，你只在群山之中开出一条河道，再将我这净瓶里的水倒入河中，便会清波荡荡，水到渠成。"嫦娥听了，顿时愁云尽扫，笑逐颜开，谢过观音，接过净瓶，就要去开河道。菩萨一再嘱咐嫦娥，时日五更，一定送还净瓶，否则将

被关在蟾宫，不许擅离一步。嫦娥满口答应。在群山之间选择了一条理想的河道，形成一个水绕山环，交相辉映的绝妙佳境。接着，她飞回月宫，取来种树的花锄，按照选定的走向，落锄开去。于是，一条不大不小的河道，就奇迹般地开了出来，有如游龙走蛇，曲曲弯弯。

当嫦娥从兴安经桂林，把河道开到阳朔后，已是四更光景。往南，沟通西江水系，还有几百里路程，五更前是完不成的了。如果河道到此为止，那么阳朔以南的大片土地将永远干旱。她沉思良久。左右为难……天鸡高啼，打破了嫦娥的沉思。她玉牙一咬，豪气陡生，决心冒着被观音惩罚的危险，将河道向如今梧州的方向开去。当嫦娥开出北起兴安，南通西江的数百里逶迤长河之时。太阳神曦和的车轮已跃上东山，她大吃一惊，慌忙把净瓶水注入河道，一泓清流缓缓南去，桂林顿时水光潋滟。倒影生辉，增添了千种

姿态，万般妖媚，变成山水甲天下的宝地啦！可是观音老母的净瓶，此刻也失去法力，从兴安随波而下，漂到桂林斗鸡潭就不动了。从此，净瓶化为石山，就是现在的净瓶山。为此，观音大为生气，责令嫦娥归天。桂林的百姓与嫦娥分别时，真是哭声百里，泪满江河。

为了记住这次离别，就把这条河取名离江。江从水，后人就改写为"漓江"。嫦娥回宫后，只能倚窗俯视人间，欣赏自己一手建造的桂林山水。有时禁不住悲从中来，泪水涟涟。那泪珠落在桂林的土地上，形成了美丽的榕湖和杉湖。

（二）试剑还珠

伏波山、还珠洞以它那优美的风景，动人的传说闻名于世。所谓伏波，取波浪回流之义。

伏波山腰，有大悲古洞，倘

若进洞，穿幽径、达江边。忽暗而明，豁然开朗。洞临一潭碧水，名伏波潭，称为"蓉镜"。据说，伏波潭里有座水晶宫，水晶宫里有个老龙王。老龙王天天喝美酒，看歌舞，笙歌宴饮久了也愁闷。

乌龟丞相见老龙王整天闷闷不乐，想出个花花点子来。他说："大王，何不把桂林府的各位地仙都请来，在伏波山开个赛宝大会？大王宫中的宝贝，定能稳夺魁首，让众位仙家见识见识，不知大王尊意如何？"

"好！好！快去请！"老龙王喜不自胜，颔首称快。

乌龟丞相得令，立即左爬右窜，安排

得热闹红火，不亦乐乎。

不觉时辰已到，各路仙家纷纷来到伏波山下的大岩洞里。而沙洲之上，伏波潭面，更是人山人海，万船千舸。

酒壶山的雷酒人，在手掌上放个晶莹闪烁的玛瑙酒壶，他只装进一滴酒，摇了摇，就去向龙王和仙友们敬酒。奇怪，那酒壶里的酒怎么倒也倒不完。人们都欢呼起来。

南溪山的刘仙翁早已按捺不住。他从腰间取出黄铜秤，吩咐鳅鳝二位力士招来许多巨石，放到秤盘上。只见那巨石一挨到秤盘，马上就缩小了。刘仙翁拎起小秤一称，总共十四万零三斤半。众仙见了，都觉耳目一新，鼓起掌来。现在伏波潭那几块巨石，就是刘仙翁当年称过的。

接下来，众仙家都不肯示弱，纷纷取出自家宝贝，使出看家本领，要决一雌雄。老龙王见了，暗自好笑，从口里吐出一件宝贝来。原来是一颗硕大无比的夜明

珠。夜明珠光芒四射，把洞府照得雪亮；而且每闪烁一下，就变幻出一种美丽的色彩。最令人叫绝的是，那珠子正中，有个对穿的小孔。透过小孔，人们能看见三十三层离恨天上的丹墀仙阙，玉宇琼楼；能听到地下宫殿中十殿阎王睡觉的鼾声；能欣赏到万里之外的人间胜景和虚无缥缈的海市蜃楼……

　　龙王的夜明珠，一时成了赛宝大会上的夺冠之宝。龙王得意地哈哈大笑，口出狂言："斗宝嘛，不管人间天上，上界玉皇大帝，西天如来佛祖，谁敢在我面前逞能献丑！"

"龙王老儿，你太目中无人了！"众仙闻声，定眼看去，却是伏波庙里的揭帝。只见他怒眼圆睁，钢发冲冠，原来是乌龟丞相忙昏了头，忘请他了。

揭帝刷地拔出宝剑，他见洞中有根顶天立地的石笋，便轻轻一挥，石笋的根部就被削断了。揭帝说："这才是小试锋芒。你们上山去看！"说着拉起老龙王就走。众仙家一齐腾云驾雾，来到伏波山顶。揭帝取出一只大铁弓，拉个满月，当的一声天崩地裂的巨响，神剑居然射穿了三座大山，飞到阳朔界外去了。这三座山就是穿山、桃源月亮山和阳朔月亮山。

后来，人们就把揭帝削断的石笋称为试剑石，传说要想重新接起来，除非桂林出九个状元。可惜从古到今，桂林才出了七个状元。

却说赛宝会不欢而散，老龙王不但自找没趣，而且在忙乱中把夜明珠给弄丢了。他们四处寻找，就是找不到。那珠子能跑到哪里去呢？

话分两头，在伏波潭前的沙洲上，住着一户打鱼人家，马老汉和小孙女马兰花。马兰花养了九只白鹅，她跟白鹅可好了。有天晚上，有只白鹅从嘴里吐出一颗色彩斑斓的夜明珠来。"马兰花姑娘"，白鹅突然对马兰说话了，"这颗夜明珠是我在潭边找东西吃时，当成螺蛳吃下去的。我本是瑶池的一只仙鹤，因给王母娘娘献舞不得她的欢心，就被打下凡来，明天我的劫数已尽，要返回瑶池。我也想把这颗宝珠带回上界，但你对我恩重如山，我就把它作为离别赠物送给你，你把宝珠卖了，会过上好日子的。"

马兰花说："真的吗？那我告诉爷爷去！"爷爷看到宝珠，忙说："这就是伏波潭老龙王的夜明珠啊，你在哪里得到的？"

马兰花就把刚才的事说了一遍。爷爷说："马兰花呀，别人的东西不应该要，乌

龟丞相找不到珠子，要挨老龙王的惩罚的！"

聪明、善良的马兰花懂事地说："爷爷，还珠去。"

哪知刚刚走出大门，便被一个突如其来的绿脸妇人拦住了去路，她是洲上的蚂蟥精，说道："天下居然有你们这样的傻瓜，快，把夜明珠给我！否则，我吸干你们祖孙的血！"

忽然又有人说："哼哼！我一口还能将他祖孙二人吞下肚呢！"

蚂蟥精回头，拦住一个花脸女人，喊道："花蛇精，你来干什么？先到为君，夜明珠理当属于我！"

花蛇精说："好妹妹，你得珠子，最多不就是能腾云驾雾吗？我得到珠子，就能变成真龙。你成全我吧！"

马老汉听了，气得浑身颤抖。花蛇精说："莫气莫气，要是把珠子给我，我让你们一辈子荣华富贵。"

老爷爷气愤地说："我们人穷志不穷。马兰花，快走。"

蚂蟥精厉声道："有我在，还想溜？"说着就向马兰花扑去。就在这紧要关头，那只白鹅猛地出现在蚂蟥精面前。对马兰花说："快，骑到我背上来！"白鹅张翅一飞，飞到了伏波潭上空。白鹅道："快把珠子丢到伏波潭去。"

扑通一声，马兰花真的把珠子丢到了伏波潭。原先，水晶宫里因为没有了夜明珠，一团漆黑，伸手不见五指；珠子掉下来后，瞬间整个水底世界如同白昼。乌龟丞相兴奋地猛叫一声："夜明珠！"连忙接住宝珠，向龙王请赏去了。

再说蚂蟥和花蛇两个妖精，见马兰花把珠宝丢进伏波潭，便恨恼羞成怒，现出原形。花蛇把爷爷缠住，说要绞死他，蚂蟥也嚎叫要吸干他的血。这时，白鹅驮着马兰花回来了，白鹅从容地说："你把爷爷放了，要宝，我身上就有。"说完现出原形，原来是一只美丽的丹顶仙鹤。丹顶仙鹤的头顶上，有一块晶莹透亮的红宝石，两个妖精见了，争着去抢。丹顶仙鹤和马兰花一起和妖精作战，最后，因体力不支，丹顶仙鹤还原成白鹅，倒在沙滩上挣扎，马兰花也倒在地上，气息奄奄。老爷爷赶来，抱起马兰花和白鹅，泪如泉涌。

临死前，白鹅凄凉地说："老爷爷，我和马兰花姑娘死后，把我们埋在沙洲上，日后涨再大的水，我也会把洲子浮起来，不让大水淹住马兰花姑娘的坟茔，就算是我报答妹妹和人间的一片真情……"

老爷爷抱着孙女和白鹅失声痛哭，他遵照白鹅的遗言，把孙女和白鹅一同葬在洲子上。植上翠竹，以表白鹅义深情重有气节；栽下马兰草，以表思念孙女之情。

人们纪念马兰花姑娘，就把沙洲叫作马兰洲，后来以讹传讹化成了马洲。又因无论漓江涨多大的水，果然淹不上马洲，因此又称浮鹅洲。而伏波山腰的那个洞后来就叫还珠洞。

（三）神象叛主

象鼻山坐落在漓江边，桃花江出口处。象鼻正好伸进漓江之中，酷似一只酣饮江水的神象。象鼻山举世闻名，而离它不远的雉山却鲜为人知。说起来，有一段令人感叹的神话故事。

有一天，一大一小两个怪物来到桂林，小的骑着大的，小的自称"雉凤大仙"，大的名叫"象"。桂林的百姓从来没见过这两个怪东西，都跑出来看热闹。雉怪冷笑一声，轻轻拍拍象头，大象伸出长鼻卷起一个老头，甩到远处的漓江里。人们顿时感到大祸临头，纷纷关门闭户。

雄怪哈哈大笑说："从此以后，我就是桂林的大王，谁不从，我就叫大象吃掉他。"接着他又叫大象拔树、毁田、翻江，好端端的一个桂林城，被两个妖精弄得一塌糊涂。

这情景使牧马老人变成的老人山也慌了神，赶忙跑去叫来嫦娥。

嫦娥怒道："何方来的妖孽，敢来横行霸道！"雄怪狂妄自大，目中无人，根本没把嫦娥放在眼里。"今天不给你点颜色看看，你不知我的厉害。"说完变出三十六只手，提了十八般兵器，向嫦娥袭来。嫦娥与雄怪斗了没几个回合，雄怪自知不敌，钻进地里逃跑了。雄怪找到大象，见大象正在漓江里洗澡，气得大骂："我险些没命了，你不助战，反在这里玩乐，气煞我也！"说着抽出皮鞭，打得大象皮开肉绽。这时嫦娥追来，雄怪化作一道

金光逃之夭夭。嫦娥找来灵芝让大象吃了，大象才恢复了元气。

大象十分感激嫦娥的救命之恩，想到自己以前跟着雉怪做了许多坏事，决定痛改前非。于是便留在桂林，要用事实来洗刷自己的罪过。它春天耕田，夏天抗旱，秋收运谷，终于赢得了人们的信任和喜爱。

雉怪第二年来到桂林，见大象居然帮老百姓干活，便破口大骂："真是个没出息的，跟着我有吃有喝多威风，却在这里当奴才！跟我走！"这时的大象已经不比从前了，死活不肯走。人们闻讯赶来，把雉怪团团围住，骂道："恶魔，滚！"

雉怪火冒三丈，抽出皮鞭就打，打得老百姓一个个头破血流。大象发怒了，抛出长鼻，把雉妖卷起一甩，甩到了广东的一个茅厕里。

雉怪万万没想到大象会打自己这个主人，决定要出这口恶气。他返回桂林

后，适逢桂林大旱，百姓们正在抗旱，大象正把长鼻伸进水月潭里，吸起水来，喷向庄稼。雉妖趁机偷偷拔出利剑，驾上云头，来到大象头顶，他猛地向象背一刺，长剑穿过大象的肚子，一直刺到地下去了。大象被牢牢地钉在原地，动弹不得。嫦娥见此情景，拿起照妖镜一照，只见金光一道从天而降，雉怪被砸死在大象的后面。

后来，大象和雉怪都化作了石山，分别是象山和雉山。象山上的宝塔，就是当年雉怪刺穿大象所留的剑柄。人们把象山作为桂林的城徽，而雉山再也没有人记得它了。嫦娥的照妖镜砸中雉怪，碎成七瓣，就变成后来的七星岩。

（四）芦笛岩洞

芦笛岩位于桂林西北郊，被誉为"大自然艺术之宫"。岩洞在光明山腹中，山前有芳莲池，池中更有水榭亭台，精巧别致，造型雅趣。山腹里，洞天高阔，曲折幽深，彩灯映趣，更胜仙宫。那琳琅满目的石钟乳、石笋、石幔、石柱、石花……让人感到好像走进了一座艺术殿堂。

从前，芦笛岩里空空荡荡，哪来什么景致。有一年，皇帝做六十大寿，一道道圣旨传下来，要全国各地送金银财宝，异兽珍奇，进贡祝寿。官老爷们借祝寿之

名,向老百姓搜刮一场,
一时间全国各地被闹得
乌烟瘴气,哭声震天。
特别是云南、贵州、四
川、广西等少数民地区,
更是被搅得鸡犬不宁,
怨声载道。

过了不久,川、滇、
黔之地的进贡队伍,陆
陆续续地路过桂州府。
这是支庞大的队伍,上
千人的锣鼓喇叭队在前
面鸣锣开道,乐声震天,
把在月宫里睡午觉的嫦娥给闹醒了。她推
开窗子,只见长长的一条队伍像长虫一样
爬向北去,道路两旁则是三五成群,哭泣
叫骂的百姓,悲声动地,怨气冲天。

嫦娥有些迷惑,于是叫玉兔下到凡间
去打探。玉兔来到桂林老人山,向牧马老
人询问,老人叹了一口气,道出原委,并叫

玉兔快快转回月宫,请嫦娥想办法救救百姓。

嫦娥听了玉兔禀告,气得牙咬得格格响:"好你个皇帝老儿,不顾民生疾苦,看我不惩罚你!"

且说,进贡队伍到了湖南,行经湘江,入洞庭,进长江到武汉的水路;嫦娥一看,计上心来。她飞到佛僧国阿罗寺,向十八罗汉借了八万只神乌鸦,等进贡的船队航行到洞庭湖心,她长袖一拂,顿时狂风大作,白浪滔天。把船只全部打翻了。八万只神乌鸦大显神通,叼起贡品,一件件送回物主手里。桂林的老百姓,知道是嫦娥做的好事,欢声雷动,感恩不尽。嫦娥想,那些送贡品的狗官一向鱼肉百姓,

让他们淹死，也不亏情理；至于当兵的，受人差遣，另当别论。于是又刮了一阵狂风，把那些役兵全部送还原籍。

黔滇川桂的太守、州官得知从各家各户搜刮来的贡品又回到了物主手中，一个个气得吹胡子瞪眼睛。变本加厉地派出大批官兵进行抢夺，同时杀了不少人，烧了不少房子，老百姓被害得更惨了。这些情况让嫦娥知道了，心里很不好受。

不久，五郡的进贡队伍再次集结，又准备过洞庭湖。这次官兵害怕狂风翻船，就把所有的船只用铁链连成一片。这样，再大的风暴也不管用了。

嫦娥见了，暗自好笑：我不破你的连

环船也能轻取贡品，只是这么多贡品如何处理，倒成了问题，弄不好又像上次那样，老百姓可遭殃了。最后决定先施法术把官府搜刮来的宝物藏到山洞里去，等一年半载，让风头过后，再把财宝退还物主。于是立即行动，一夜之间，神不知鬼不觉地将所有物品从连环船上搬到了桂林郊外。本来，嫦娥想把贡品藏到七星岩里，只因常有游客进洞玩耍，感到不妥，后来东寻西觅，终于找到了桂林西北郊光明山腹中的一个大岩洞，这个洞大得能装下半边天。于是，所有财富一齐由嫦娥施法收进了光明山的岩洞中藏好。嫦娥见洞口太小，怕日子长了被灌木埋没，便在洞口附近种了几丛芦笛作记号，一切料理完毕，才回月宫去。

嫦娥为营造桂林山水，曾劳累成疾，如今又为收宝之事，忙了几天，回到月宫，不料竟然病倒了，调养将近三月有余，方才好转。这天，嫦娥猛然想起将贡品退

还物主之事，不等病体痊愈，便急忙赶下凡来。哪里还找得到主人！原来天上一日，等于世上一年，嫦娥在月宫养了三个多月病，人间早过去一百多个春秋了。物主之家，少说也传了三、五代人，你上哪里找去！

嫦娥悔恨不已，却也无可奈何；只好到光明山去看看。此时洞口已让人发现，还有十来个凶神恶煞的家丁提刀握棒、守在那里。

这是怎么回事？原来山下百冲村里，有个放羊娃，天天在山上放羊，无聊得很，看见山上有几丛芦笛长得特别茂盛，就去砍来做笛子吹。无意中让他发现了洞口，进去一看，尽是金银财宝，出来一讲，全村都轰动了。大伙正要挑起箩筐去装运，却被外村的大恶霸知道了。他马上派了家丁来看守，妄想占为己有。

嫦娥心想，让这些财宝留在世上，必然是个祸害，日后不知又要惹出多少是非来，干脆把财宝化为石头，省得人们为它亡命，于是吹了一口仙气，那一洞珍宝便化成了钟乳石。如今芦笛岩里最后一景"雄狮送客"，就是当年的金狮子化成的。

嫦娥因为用手触摸了那些东西，就在洞口开掘了一个偌大的水池洗手，将手上的俗气和铜臭洗尽，并在池里种上莲花，以寄托出淤泥而不染之意。这便是芳莲池的来历。

（五）碧莲风波

碧莲峰是阳朔第一景。"陶潜彭泽五

株柳，潘岳河阳一县花，两处争如阳朔好，碧莲峰里住人家。"碧莲峰北侧，有一处崖壁光滑如镜，能照出人的善恶来，故又名鉴山。崖壁之下建有鉴山寺，朝朝暮

暮，寺钟悠扬，峰回崖应，古刹情浓。世上的莲花，只有粉红，洁白两种，谁见过碧绿色的莲花呢。碧莲仙子原住在王母娘娘的瑶池里，像坐天牢，她早想跑到人间去了。正巧一天遇上嫦娥，就求嫦娥带她逃到人间。嫦娥十分同情她，就把她变成一张剪纸，贴在衣服上，带出了天宫。带到了阳朔的漓江里。

一天南极

仙翁来到阳朔，发现碧莲潭的水特别绿，他定睛一看，啊！原来潭底长着一朵绿色的莲花。仙翁高兴极了，决定挪到南山的天池里，作为镇山之宝。碧莲仙子

知道后，不由泪随悲来。原来她已与漓江里的鲤鱼精相爱了，这一去将永难再见。正好鲤鱼精来看碧莲仙子，见她满面愁容，问明原因，也焦急起来。

碧莲仙子哭着说："你快把江水吸干，让我露出水面，化成石头。" 鲤鱼精道："我怎么能让你变成石头，就是死，我也要跟你在一块。""我化成了石头，仙翁就不会要我了，我俩还能天天见面，如果我被移种到天池，我们就永远不能见面了，赶快吸水吧，仙翁马上就要来了。"鲤鱼精一时没了主意，就大口大口地吸起漓江水来，不一会就把漓江水吸干了。碧

莲露出水面，见风徒长，硕大如山，不多一会就化为石头，变成一座石山——碧莲峰。仙翁来了一看，想阻止已来不及，大骂鲤鱼精，对着鲤鱼精连吹三口仙气，把鲤鱼精变成了沙洲，这就是

鲤鱼洲。至今漓江两岸还流传着"碧莲伴鲤鱼，永远不分离"的歌谣。

（六）螺女逃婚

船过兴坪，不久便到马颈渡口。可以看见漓江右岸的群峰环抱之间，有两座孤峰。高的顶端小而浑圆，好似精工雕琢的头像。整座山峰活像一位端庄贤淑的女子安坐在江边，取名美女峰。

美女峰前面，有一座小山峰，崖壁光洁平滑，恰似安放在少女面前的"铜镜"，这两峰连成一景，俗称"美女照镜"，也叫"美女梳妆"。

离美女梳妆往下约三百米处，有一座高约百余米的孤山，耸立在漓江边，一道粗大的石纹从山脚盘旋而上，一直绕到山顶，取名"螺蛳山"。从螺蛳山下行约二百米，右岸有一堵庞大的石壁拔江矗立，高达数丈，这就是鲤鱼山。螺蛳、鲤鱼都是住在南海里的，为什么跑到漓江边来安家呢，这还得从嫦娥到南海赴宴说起。

南海龙王三万六千九百岁，请了上界神仙及下界鬼王及四海水族前来喝寿酒。各路客人送去的奇珍异宝，数也数不清。其中嫦娥送的七星玉月，把整个南海照得如同白昼。连玉皇大帝、如来佛祖、太上老君见了都眼馋。嫦娥平日清静惯了，便避开众神，一声不响地跑到南海龙王的花园里散心去了。

嫦娥悠然自得，正观赏花园景色，忽然听到假山后面，传来嘤嘤的哭泣声，登上平台一看，发现是一个螺蛳姑娘在掩面悲泣。嫦娥忍不住上前探问，方知原委。原来有一条鲤鱼精，见螺蛳姑娘长得美貌，就欲强行娶她为妾，螺蛳姑娘不从，被鲤鱼精打得红一块，黄一块，螺蛳姑娘受不了这般虐待，正准备寻短见呢。嫦娥说："你这般年轻，不可轻生，让我想办法帮你。"说着，用手一指，将螺

蛳姑娘变成头钗上的一颗珠子。道别龙王，直奔桂林。

来到兴坪，嫦娥对螺蛳姑娘说："这里山清水秀，再也不会有强畜欺负你，你就安心在这里生活吧。" 从此，螺蛳姑娘便在漓江里住了下来，自由自在好不快活。日子一久，她发现，兴坪的马颈渡口，一来一往，有大小两条渡船，大渡船是兴坪的大财主刘霸天的，往返载的人多，船跑得快，但漫天要价，老百姓只好忍气吞声。小渡船是一个叫春生的小伙子摆渡的。坐他的船不给钱都无所谓，无奈船小跑得慢，一天也送不了50个人。众人还得坐刘霸天的大渡船。

　　久而久之，螺蛳姑娘爱上了春生。日后只要春生一下河来摆渡，螺姑就把身子附在船底下，推着船儿跑。这下不得了，小渡船像长了翅膀似的在江面上穿行，再也没有人去乘刘霸天的大渡船了。刘霸天气得要死，叫打手们把春生抓起来打个半死，同时把小渡船也烧了。春生没了船，只好改行上山砍柴来卖。

　　一天他到漓江边洗脸，看到水里有一只又大又光的螺蛳游到他面前。春生爱不释手，捧回家，放养在水缸里。到了晚上，春生正在油灯下念书，突然听到扑通一声，水缸盖被掀下地，他一看，只见一个如花似玉的美女从水缸里冒出来。春生吓得连声问："你是人是鬼？"螺蛳姑娘便

把原委道了出来，便愿以身相许，春生爽快地应承了。螺姑把螺壳变成鸡公车，螺盖变成滚刀，来到山上，春生只要滚刀一转，一车柴就砍好了，然后抱上鸡公车，一路下山如履平地。

不久，春生取得美媳妇的事又被刘霸天知道了，还得知春生有两件宝贝。就派打手上山，把春生的鸡公车和滚刀都抢了去。春生回家告诉妻子，螺姑随即念动咒语，两件宝贝又飞了回来。刘霸天的师爷说螺姑是妖婆，叫了先生来驱妖，无奈反被螺姑戏弄一番。

鲤鱼精自从螺姑走后就一直在寻找，终于来到兴坪，发现了螺姑。他一眼看出鸡公车就是螺姑的藏身之壳，便一把抓到手，对螺姑说："要么跟我回去，要么一死，随你选择。" 螺姑说："我就是死，也不做你的小妾。"鲤鱼精大怒，把螺壳往漓江边一摔，顿时化成石头，同时把螺盖也抛出门外，化成了小石山。螺姑自知难逃，对春生说："夫君多保重，我去了！"出门一头撞在螺壳盖上，化成了一座美人峰，这便是后来的螺蛳山。

春生怒不可遏，要跟鲤鱼精拼命，周围百姓也拿起锄头，一起围攻鲤鱼精。鲤鱼精生性凶残，一时性起杀得村民七零八落，死伤无数。

鲤鱼精自知罪孽深重，于是急忙夺路向漓江边奔去。正当鲤鱼精准备跳到漓江里，潜回南海之时，嫦娥刚好闻讯赶到。说时迟，那时快，只见仙姑抬手一剑朝鲤鱼精飞去，鲤鱼精立刻化作石山。

传说如今鲤鱼山上的大洞，就是嫦娥当年用剑刺穿而成的。

（七）望夫石

九牛岭下的江峡叫黄牛峡，沿峡能看到"群龙戏水"、"青蛙过江"等奇观，接

着，就进入了斗米滩。在斗米滩能欣赏到望夫石。

以前，有一对撑船为生的夫妻，正值数九寒冬，他俩逆水行船，备受辛劳。傍晚，夫妻俩泊船江边，遇到一个老妇人，拖儿带女地来向他们讨米。夫妻俩见她们实在可怜，就把仅有的一斗米送给了老妇人。

夫妻俩断粮后，只盼上下游有船往来接济。可那时偏偏没有往来船只。正是屋漏更遭连夜雨。于是，丈夫便天天爬上山去瞭望船只。

有一天，妻子见丈夫久不下山，就上山去找，结果发现丈夫已被大雪冻僵，饿死在山上。妻子一急，也死在丈夫身边。

人们为了纪念这一对好心肠的夫妇，就把他们泊船的地方称作"斗米滩"。后来夫妻俩化为石头，人们便称丈夫为"仙人石"，妻子为"望夫石"。

四、桂林文化

桂林是一座文化古城。两千多年的历史，使它具有丰厚的文化底蕴。公元前214年秦始皇统一天下后，设置桂林郡，开凿灵渠，沟通湘江和漓江。桂林从此便成为南通海域，北达中原的重镇。宋代以后，它一直是广西政治、经济、文化的中心，号称"西南会府"，直到中华人民共和国成立。在漫长的岁月里，桂林的奇山秀水吸引着无数的文人墨客，使他们写下了许多脍炙人口的诗篇和文章，刻下了两千余件石刻和壁书，历史还在这里留下了许多古迹遗址。陈毅诗云："宁作桂林人，不愿作神仙。"桂林的山水养育了桂林人民，桂林山水之灵气更是培育了一大批桂林山水画家。

（一）中原文化一脉

桂林城市是一个山水文化的汇集之地。城中城是靖江王城，南天一柱独秀峰是其中心，东西绵延、挺拔俊秀的叠彩山正好成为独秀峰和靖江王城的"靠山"。王城之北有铁封、鹦鹉两山作为屏障，东有漓江为其庇护，西有桂湖形成依托，南有榕杉湖构成附丽。加上桃花江的锦上添花，象鼻山、伏波山、宝积山的巧妙点缀，一个举世无双的山水城市就这样浮出海面。

"桂林山水甲天下"，正是"山青、水

秀、洞奇、石美"这自然天成的仙境衍生出丰富瑰丽的山水文化。艺术文史与山水融为一体，堪称天人合一的绝妙注解。山水文化突出地表现在山水诗词、山水画及碑林、石刻壁书。同时，其多民族色彩的文化同样具有山水特色，如对山歌、龙船调等。

秀美的桂林山与浓郁的民俗风情相结合，使妩媚的山水更添生动，淳厚的民俗风情更添清丽。桂林市内的刘三姐景观园及少数民族风情园就是广西少数民族文化的一个缩影。

桂林文化的源头在哪里？原来桂林文化与中原血脉相连，那纽带就是兴安灵渠。它沟通了长江水系和珠江水系，将先进的中原文化输送到整个岭南，而其功臣应是不惜劳民伤财的秦始皇。北有长城南有灵渠。郭沫若认为灵渠"诚足与长城南北相呼应，同为世界奇观"。翦伯赞说："不到灵渠岸，无由识始皇。"

通过灵渠中原文化长驱直入，为八桂大地带来惠泽人心的诗文哲学、开启民智的文教体制，为八桂人带来学而优则仕的人生进步理念。南朝，颜谢并称的颜延之为官桂林，长年在独秀峰读书岩读书写作，成为桂林文化城第一个中原文化使者。之后，独秀峰山麓历代建有唐代府学，这是桂林历史上第一个府学；清代贡院，从这里走出了四位状元，人数在整个中国名列第五，他们的英名至今还在靖江王城的及第坊上熠熠生辉，文化薪火，千年传承。

（二）诗中山水

桂林的山水胜景给古往今来的迁客骚人留下了难以计数的名篇佳作。佳作是美景的附丽，而美景也因佳作而名传千

里，流芳百世。我们先来看当代著名诗人贺敬之那首《桂林山水歌》：

云中的神啊，雾中的仙，

神姿仙态桂林的山！

情一样深啊，梦一样美，

如情似梦漓江的水！

水几重啊，山几重？

水绕山环桂林城……

是山城啊，是水城？

都在青山绿水中……

啊！此山此水入胸怀，

此时此身何处来？

黄河的浪涛塞外的风。

此来关山千万重。

马鞍上梦见沙盘上画：

"桂林山水甲天下"……

啊！是梦境啊，是仙境？

此时身在独秀峰！

心是醉啊，还是醒？

水迎山接入画屏!

画中画——漓江照我身千影,

歌中歌——山山应我响回声……

招手相问老人山,

云罩江山几万年?

伏波山下还珠洞,

室珠久等叩门声……

鸡笼山一唱屏风开,

绿水白帆红旗来!

大地的愁容春雨洗,

请看穿山明镜里——

啊! 桂林的山来漓江的水——

祖国的笑容这样美!

桂林山水入襟,

此景此情战士的心——

江山多娇人多情,

使我白发永不生!

对此江山人自豪,

使我青春永不老!

七星岩去赴神仙会,

招呼刘三姐啊打从天上回……

人间天上大路开,

要唱新歌随我来!

三姐的山歌十万八千箩,

战士啊,指点江山唱祖国……

红旗万梭织锦绣,

海北天南一望收!

塞外的风沙啊黄河的浪,

春光万里到故乡。

红旗下:少年英雄遍地生——

望不尽:千姿万态"独秀峰"!

意满怀啊,情满胸,

恰似漓江春水浓!

啊!汗雨挥洒彩笔画:

桂林山水——满天下!

　　这首诗情真意切,热情洋溢,让我们领略了社会主义新时代昂扬饱满的激情,也对桂林山水有了大致轮廓的感受。下面让我们坐着诗歌之船溯流而上,去唐诗宋词中饱览古色古香的桂林风情。

　　唐宋一代的著名诗人、词人、文学家很多都到过桂林，宋之问、萧颖士、韩愈、柳宗元、刘禹锡、刘长卿、许浑、李商隐、张泌、戴叔伦、李群玉、曹邺、戎昱、李端、黄庭坚、范成大、辛弃疾、张孝祥、戴复古等等。当然他们未必是专程旅游，多数是路过或为官于此并在桂林长期生活过，从他们的诗作中，能看到桂林的山水秀色给他们的美丽印象和美好心情。

　　宋人胡仔在其《苕溪渔隐丛话》中说："余旧览《倦游杂录》，言桂州左右，山皆平地拔起，竹木翁郁，石如黛染；阳朔县尤奇，四面峰峦骈立。故沈水部彬尝题诗曰：'陶潜彭泽五株柳，潘岳河阳

一县花，两处争如阳朔好，碧莲峰里住人家。'余初未之信也。比岁，两次侍亲赴官桂林，目睹峰峦奇怪，方知《倦游杂录》所言不诬。因诵韩、柳诗云：'水作青罗带，山为碧玉簪。'又云：'海上群峰似剑芒，春来处处割愁肠'之句，真能纪其实也。山谷老人谪宜州，道过桂林，亦尝有诗云：'桂岭环城如雁荡，平地苍玉忽嶒峨，李成不生郭熙死，奈此百嶂千峰何。'"

看来这"桂林山水甲天下""阳朔山水甲桂林"的美誉早在唐宋之时已为人广泛认同。胡仔提到的唐人沈彬的诗就是《阳朔碧莲峰》，宋人欧阳螺蛳姑娘有《临江仙·九日登碧莲峰》："涧碧山红粉烂漫，烟萝远映霜枫。倚阑人在暮云东。遥天垂众壑，平地起孤峰。大好家山重九日，尊前切莫匆匆。黄花消息雁声中。

寻芳须未晚，与客且携筇。"将登临碧莲峰所见的秋景写得色彩斑斓，奇崛秀美，情致深厚，如痴如醉。

韩愈的"水作青罗带，山为碧玉簪"如神来之笔，秀出了桂林山水的神韵，无怪乎南宋词人张孝祥要将此名句化用在《水调歌头·桂林集句》里："五岭皆炎热，宜人独桂林。江南驿使未到，梅蕊破春心。繁会九衢三市，缥缈层楼杰观，雪片一冬深。自是清凉国，莫遣瘴烟侵。江山好，青罗带，碧玉簪。平沙细浪欲尽，陡起忽千寻。家种黄柑丹荔，户拾明珠翠羽，箫鼓夜沉沉。莫问骖鸾事，有酒且频斟。"上阕的开头引用的正是大诗人杜甫的《寄杨五桂州谭》，用集句将桂林的气候宜人，交通便利，风物秀美，笙歌繁华一一写尽。著名的词人在第二年故地重游，又留下《水调歌头·桂林中秋》，词中道："千里江山如画，万井笙歌不夜，扶路看遨头。玉界拥银阙，珠箔卷琼钩。""楼下水明沙静，楼外参横斗转，搔首思悠悠。"看来这桂林不仅山水明秀，而且自古繁华，让人流连忘返，宋人刘褒叹道："恍扬州十里，三生梦觉，卷珠箔、映青琐。"其中不无"欲把杭州作汴州"之感。

桂林气候宜人，山水秀美。白居易曾作"桂林无瘴气，柏署有清风。山水衙门外，旌旗艨艟中"。将这唐宋时略显偏远的桂林说得如清新俊逸的男子，欣欣然不亦乐乎。失意落寞的李商隐在诗中写

道："城窄山将压，江宽地共浮。"一语道出了桂林的山水形胜。

桂林水好，李群玉有"桂水秋更碧"，杨衡有"桂林浅复碧，潺湲半露石"。许浑说桂林"处处山连水自通"。桂林秀色如画，张泌写"溪边物色堪图画，林畔莺声似管弦"。让人陶醉其中。

桂林的山离不开水，水离不开山，山水长相依，于是邹应龙有风致宛然的"无数桂林山，不尽漓江水"。戴复古的"湖上千峰立"干净利落，让人想见水中之山的峻拔，水中山影的深秀。

桂林山多洞奇石怪，戴复古又留诗曰："忆昨游桂林，岩洞甲天下。奇奇怪怪生，妙不可模写……神功巧穿凿，石壁生孔罅。玲珑透风月，宜冬复宜夏。"又写"桂林佳绝处，人道胜匡庐。山好石骨露，洞多岩腹虚。峥嵘势相敌，温厚气无余"。将桂林山石的千姿百态尽措笔端，还大有此中妙，不可与言之处。诗人独享

美景，也生出如临仙境之感："中有补陀仙，坐断此潇洒。"

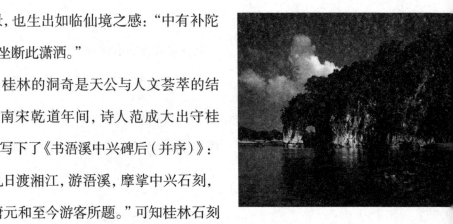

桂林的洞奇是天公与人文荟萃的结晶。南宋乾道年间，诗人范成大出守桂林。写下了《书浯溪中兴碑后（并序）》："九日渡湘江，游浯溪，摩挲中兴石刻，泊唐元和至今游客所题。"可知桂林石刻至宋已积累不少，当然这也是山水美景让诗人才士情不自禁的副产品。

当然，如此秀美的景色也并非尽如人意，武则天时的著名诗人就是一位流落桂林的失意人。"停午出滩险，轻舟容易前。峰攒入云树，崖喷落江泉。巨石潜山怪，深篁隐洞仙。鸟游溪寂寂，猿啸岭娟娟""桂林风景异，秋似洛阳春。晚霁江天好，分明愁杀人""日暝山气落，江空潭霭微"。这位颇有才华的河南籍诗人给我们写下了声色新鲜、精致奇特的山水美景，却丝毫写不出喜悦的心情，因为政治失意，因为远离中原故土，在如画的桂林

蛰伏于客居，对诗人更是一种折磨，只能
"兀然心似醉，不觉有吾身"。了却残生。

当然这凄婉寥落的一段心情并不能折损
桂林山水的盛誉，反而使得桂林的文化
底蕴更加丰富，"方驰桂林誉，未暇桃源
美"。正是人文荟萃的故事浸润这世外仙
境的桂林，让它名驰遐迩，誉满天下。

（三）山水画与漓江画派

宋人刘克庄有诗："惟应诗卷里，偷
画桂州山。"桂林山水画是指以桂林秀美
山水为主要表现对象的画。这些画以传统
中国画为主体，以表现桂林山水自然本性
的律动与意韵为目的。

桂林山水画在中国山水画中占有独
特的地位，在全国许多画展、画册、报刊
以及网络上，都随处可见。中国历史上就
有很多画家画过桂林山水或以桂林山水
成名，如15世纪的石涛及20世纪的齐白

石、黄宾虹、徐悲鸿、李可染等。

其实在桂林还有一个自成体系、独树一帜的漓江画派。广西老一辈画家帅础坚、阳太阳、黄独峰、涂克、黄泰华等也曾经创作出大批脍炙人口的优秀漓江山水作品，为漓江画派的成长和发展奠定了良好的基础。20世纪80年代中期以来，以黄格胜为首的广西一批画家，把创作重心放在描绘漓江山水和广西南方的风景上，逐渐形成了有着鲜明地域特色和独特艺术追求的画家群体，这些画家以共同的艺术表现对象和相近的绘画风格，在国内画坛独树一帜，引人注目，逐渐形成了"漓江画派"。

（四）民间艺术

精美陶瓷与瓷刻

构思新颖独特，形象生动，制作技术精湛，色彩古朴典雅，又富现代生活情趣。山羊壶、大琵琶瓶、象山壶、山水画瓶系列等数十个品种先后获自治区、轻工部奖励，并在法国、西班牙和日本等国展览。

瓷刻是用硬质工具在瓷器上雕刻各种花纹和图案的工艺品，始于明代。有白坯和彩釉两种，雕刻内容有人物、花鸟、山水等。作品构图清新，线条流畅，刻画的人物神态生动、栩栩如生，有较高观赏和收藏价值。

玉石雕刻与宝石工艺画

桂林玉石雕刻艺术品制作历史悠久，以陆川石、东兴石、虽腊石、岫岩玉石、龙胜滑石等为材料，因材施艺、雕工精美，造型新颖，颇具魅力。

宝石与绘画结合的艺术器。以绚丽多彩的各类宝石为原料，切割抛光，显现其原有色泽，运用中国画、西洋画技巧，根据宝石的形态，表现山川景观、花鸟人物、民俗风情，制作成各种不同规格的

柜式挂件、盘式、花瓶式和屏风式摆件。画面瑰丽，具有浮雕立体感和丰富表现力。

阳朔画扇

以当地楠竹为骨，以宣纸或绢帛为面，经画、染、裱、糊、穿、漆等工序制作而成。阳朔画扇选料考究，工艺精致，画面内容有桂林山水、阳朔风光、花鸟虫鱼、奔马猛兽、古装仕女等各类古今题材，全部由本乡本土的农民画家创作并手工绘制，画扇以此而名。在画的正面、反面或周边配以诗词、书法、篆印，即成为集诗、书、画、刻于一体的旅游工艺器和纪念器。小者盈尺，大者1—2米不等。

绚丽壮锦

壮锦是桂林壮族妇女用各种颜色的丝绒和细纱精心织造的著名的手工艺品。1700多年前的汉代史籍所记载的"斑布"就是当今壮锦的前身。壮锦多以壮族地区的动物图形为图案，织工精巧，线条简练而明快，粗犷而别致，且色彩绚丽，具有浓郁的民族特色。

竹木雕刻艺术品

以天然青竹和黄杨木为材料，运用线雕、浮雕、镂空雕并借鉴中国画技法，表现山川、园林、花鸟、人物等各种题材，主要有茶叶盒、花瓶、笔筒、烟具、竹筷、方竹手杖、屏风、镶嵌壁挂等。刀法严谨，意境深远，虚实相宜，具较高艺术水平。

芒编工艺品

采用本地野生植物，手工精心编织而成。产品经过造模、编织、抽黄、消毒、防虫、防霉、上油等工艺过程，有近千个花色品种，集广西各地芒编制品风格之大成，具有典型的民族特色和浓郁的乡土气息。花篮、吊篮及各种壁挂，新颖别致，匠心独具，既可点缀温馨的雅室又可装饰华丽的厅堂；动物、工艺小车则

惟妙惟肖,诙谐风趣;礼品箱、果盘及各式圆桶,造型古朴典雅,美观大方,有很强的实用性。除此以外,还有独具桂林特色的桂绣、梳篦、纸伞、手绘式屏风、针织装饰物等。

(五) 民族文化

有着众多少数民族的桂林,民间节庆活动也特别多,风情浓厚的风俗,已成当地旅游的一大风景线。各民族共同的民间传统节日,如元宵节、端午节等,这里都会大庆特庆,热闹非凡。但最为精彩的,无疑是各民族独特的喜庆节日。

苗年

苗年是苗族传统节日。节日当天早晨放鞭炮,连放3炮,以示吉庆。节日期间,人们走亲访友,互致祝贺。有些地方伴随举行盛大的斗

牛、赛马活动。其中芦笙踩堂活动最为精彩，届时，小伙子芦笙嘹亮，悦耳动听，姑娘们身着节日盛装，头戴龙凤银角、银簪、银梳，踏着笙歌节拍，翩翩起舞。通过踩堂，男女青年可以自由选择情侣。苗年的时间各地不一样，基本都是在秋收结束以后。

农历三月初三

三月三是壮族传统歌节，又叫"歌圩节""歌婆节"，分日歌圩和夜歌圩。现在广西壮族自治区政府已将每年农历三月初三定为壮族歌节，正逐渐发展成"三月三"文化艺术节。

花炮节

侗族的传统民俗节日，这一天要放花炮，第一炮表示人丁兴旺，第二炮恭喜表示发财，第三炮表示五谷丰登。花炮活动结束后，男女青年聚在一起奏芦笙、跳舞。入夜，点燃篝火，有唱侗戏的，有自由对歌的，一片欢声笑语。花炮节的日期在

各个地方都不一样，从正月到十月都有，三江侗族自治县是正月初三（农历，下同），梅林是二月初二，富禄是三月初三，林溪是十月二十六，是否能碰上，就要看你的运气了。

禁风节

农历正月二十日桂林市临桂县庙坪瑶族传统节日。传说远古时，风神发怒，村寨受灾。有神仙指点众人，正月二十日禁声禁风，祭祀风神，果然灵验，这一天便成了禁风节。节前，人们用稻草扎些十字架，压在田头屋角，挂上屋檐。节日期间，禁止一切声音，连晾衣服也只能铺在草地上，为了避免人来人往弄出声响，全寨人都离家到庙坪圩去过节。节日活动多姿多彩，敲锣打鼓，舞狮唱戏，夜幕降临时，对唱山歌。这个原是禁声禁风的日子，变成庙坪圩一次欢乐的盛会。

龙舟节

赛龙舟是中国农历五月初五端午节最隆重的节庆活动之一。桂林龙舟赛每三年在漓江举行一届。各参赛队伍早在半月前就积极准备，反复训练。五月初五早上，比赛尚未开始，漓江两岸围者已是人山人海。比赛开始，龙舟穿梭于漓江之上，龙船歌不绝于耳，随着威风锣鼓的响声，观赛者人潮涌动，盛况空前。获胜者奖银钱若干，烤猪一头。参赛者视获胜为荣事，好彩头。五月是海内外宾客浏览桂林龙舟赛的好时机。1998年桂林举行了第一届国际龙舟赛，以后每隔三年举行一次大型龙舟赛，邀请东南亚、港、澳和台湾等地区龙舟爱好者组队参加。

恭城月柿节

恭城瑶族自治县位于广西东北部、桂林市东南部，是"中国月柿之乡""中国椪柑之乡"。恭城水果已实现规模化生产，产量大，品质优，是全国无公害水果生产示范基地县，水果总产及人均产量均居广西第一位。

恭城柿子已有近千年的栽种历史，因柿子制成饼后像月亮，恭城人便给柿子取了个美丽的名字：月柿。

资源七月半河灯歌节

资源县农历七月半河灯歌节，历史悠久，是当地民间一年一度民族风俗传统节日。每到七月半，以唱歌放灯寄托缅怀先人，消灾避祸的情思。人们自发携灯，沿河漂放，夜幕下灯光辉煌，形成"万盏河灯漂资江"壮景。节庆期间，地方特产、民间小吃琳琅满目，经贸洽谈，形式多样，有顶竹竿、舞狮、舞龙、大象拔河、斗鸡、斗羊、羊鸟等古朴的民间体育、娱乐活动。"七月半"莅临资源县城可饱览桂北山区的乡土民情。

龙胜红衣节

龙胜县是多民族的自治县，红瑶是龙胜瑶族的一个支系。红瑶妇女爱穿自己编

织的红衣衫，故称红瑶，
每年农历三月十五或四
月初八是泗水乡红瑶同
胞的会期，亦称红瑶同胞
一年一度的红衣节。

　　红衣节是龙胜红瑶
同胞所特有的民族节庆
日，有着悠久的历史。早在元朝期间，红
瑶同胞在每年农历三月十五这天，男女
老少身着节日盛装，肩担自己生产的土特
产品，成群结队来到泗水街举行节日盛
会，交换一年所需的生活用品和农业生
产资料用品，未婚青年则在这一天借机唱
山歌、吹木叶，以优雅动听的情歌来相约
幽会意中人。红瑶同胞能歌善舞，民间体
育活动顶竹杠、拉山拔河、打旗公等十分
有趣。红瑶妇女爱盘发，头发又黑又亮又
长。红瑶姑娘爱比美，不仅长得漂亮，而
且要有文化、善言善歌、心灵美。因此，对
山歌，跳长鼓舞，体育比赛，比长发，评寨

花,使红衣节内容丰富,非常活跃。

福利五月八节

阳朔县福利民间的传统节日,中国农历每年的五月初八前后,由民间组织在福利镇上开展的民间文艺、体育及祭祀活动。

五月初八,圩上各户扎起三尺六寸高的立式彩灯到镇上公公、婆婆庙前燃放,然后祭祀两庙中的一百余尊菩萨并将其抬、抱于大街上游行。随队游行的有文艺、体育队伍,舞狮、耍牌灯、踩高跷、八仙纸扎、锣鼓篷、故事台、旱船等等。街道上一时水泄不通,人声鼎沸,鼓角连天,十分壮观。

民间对歌

阳朔居有汉、壮、瑶、苗等11个民族,各民族除有自己的习俗、节日外,一个共同的特点便是擅长对山歌。不论婚丧嫁娶,还是逢年过节,每每摆起歌台,一比高低,直至通宵达旦仍不肯散去。这些山歌

有谈情说爱的，有倾诉生离死别、崇尚忠孝的，也有谈古论今叙事的。唱者少则三五人，多则几十人，歌声或激越高昂、悠扬动听；或深沉委婉、如泣如诉；或轻吟浅唱、闲适洒脱……尤以壮乡高田的中秋节对歌、福利龙尾瑶民的"歌堂愿"会最富特色。

此外，桂剧、桂林弹词、桂林民歌、桂林渔鼓、桂林杂技、傩戏、彩调剧、广西大鼓、广西文场等都是桂林地方文化的特色。

（六）饮食文化

桂林地处岭南要冲，自古官宦商旅云集，饮食习惯南北交融，粤、川、湘、浙、赣、闽均有传承。近年以来，桂林受粤、川饮食影响大，同时融入地方习惯，又因旅游的发展，逐渐形成了有一定地方特色的风味小吃。

桂林米粉闻天下

桂林米粉以其独特的风味远近闻名。其做工考究，先将上好大米磨成浆，装袋滤干，揣成粉团煮熟后压榨成圆根或片状即成。圆的称米粉，片状的称切粉，通称米粉，其特点是洁白、细嫩、软滑、爽口。其吃法多样。最讲究卤水的制作，其工艺各家有异，大致以猪、牛骨、罗汉果和各式作料熬煮而成，香味浓郁。卤水的用料和做法不同，米粉的风味也不同。大致有生菜粉、牛腩粉、三鲜粉、原汤粉、卤菜粉、酸辣粉、马肉米粉等。

桂林米粉有许多种，最有名的是马肉米粉。它用特制的红烧马肉作配料，马肉鲜嫩味香，壮阳补肾。过去吃马肉米粉多用特制小碟来盛，米粉仅供一箸，上面有几片薄薄的马肉，再加以几粒油炸花生，拌以桂林辣酱，风味特佳。一人一口一碟，可吃二三十碟粉。现在已改用大碗，滋味不变。

桂林米粉的特色还在于卤水，关于这卤水还有个故事：

公元前221年，秦始皇派五十万大军，南征百越，遭到百越族人的强烈抵抗，同时又因为岭南山高路险，交通不便，严重拖了战局的后腿。于是，始皇帝又派史禄去领导开凿一条沟通湘江与漓江的运河，以解决运输问题。史禄经过实地勘察，在兴安带领民工开凿出一条34公里长的运河——灵渠。灵渠开通后，运输问题得到解决，统一战争也一下子扭转了被动局面。

早在史禄到来之前，秦军将士就为吃不好饭，水土不服所困扰。这些西北将士，天生就是吃麦面长大的，西北的拉丝面、刀削面、羊肉杂碎汤泡馍

馍，都是他们的美味佳肴。如今他们远离故土，征战南方，山高水深，粮食运不上来，人不可能饿着肚子行军打仗，只有就地征粮，以解决食为天之大事。

但南方盛产大米，却不长麦子，这就叫一方水土养一方人。于是秦军中的伙夫根据西北人制作饸饹面的原理，将大米磨成粉，加工成米面，供给将士食用。米面的称谓，一直延续到20世纪50年代。尽管如此，对西北人来说，吃米面总是没有吃面条可口。

又由于水土不服，秦军中有大量的将士病倒，主要症状是肚子胀得难受，上吐

下泻，直接影响了战斗力。部队中的军医就地采药，专门采集了主治脘腹胀满、消化不良、呕吐等症状的中草药，如草果、茴香、槟榔、橘皮、丁香、桂皮、花椒、胡椒、砂仁、干姜、香叶、桂枝、山楂、甘草、白豆蔻等，熬成汤，发给将士服用，有病治病，无病预防。这些药绝大部分都是健胃消食的。

嘿，还真有效，喝上两三回，那肚胀的毛病就没有了，顿时就像卸下了千斤重担，一身轻松。再说那汤带有甘草的微甜，也不难喝，因而受到将士们的普遍欢迎。有病无病，大家每天都喝上几口，预防为主。

久而久之，成了一种习惯，一天不喝，好像还不是滋味似的。

可是战斗激烈，经常是吃着饭，敌人就偷袭上来了，你得丢下碗去作战。为了节省时间，将士们便将米面、汤合到一处吃，这种战争逼迫出来的吃法，就形成了日后吃桂林米粉一定要放卤水的习惯。

尼姑素面

相传是桂林月牙山尼姑庵所创。天长日久，制作方法广为流传。桂林尼姑面的精华——汤，是用黄豆芽、新鲜草菇、香菇、冬笋等久熬而成。汤色金黄，味鲜而甜，清香四溢。面条用清水煮熟装碗，将汤放入，再加上桂林腐竹、黄花菜、素火腿、面筋等素菜和作料，鲜香爽口，色香味俱佳的尼姑面即可食用。

马蹄糕

马蹄糕主料为大米粉，把米粉装入状如马蹄的木模，用黄糖粉、马蹄粉或芝麻粉包心，猛火蒸熟，取出即可食用，其制作简便，吃来香甜扑鼻，松软可口。一般多为个体摊担现做现买。散见于各处街头巷口。来往行人，即购即吃，甚为方便。

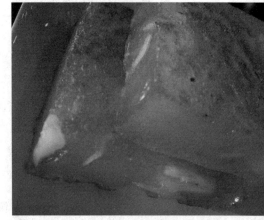

豆蓉糯米饭

将上好糯米蒸熟做成饭团，以甜豆蓉为主馅，再拌以炒香的芝麻，夹入些葱花、油，米饭柔韧，馅心鲜香，饶有风味。现又有以香肠、煮牛肉等做馅的咸糯米饭，亦别有风味。为桂林人早餐常见小吃。

桂林水糍粑

桂林水糍粑制作工艺精细，将上好糯米蒸熟后，用猛力杵打，直到糯米饭全融，宛若棉团状，方取其细细的糯浆做成圆团入笼蒸熟而成。水糍粑多放内馅，如

豆蓉、莲蓉、芝麻桂花糖等，再加上糯米质地细腻柔韧，洁白晶美，如趁出笼时热气腾腾，再裹上些许白糖或熟豆粉，更是色美味鲜，口感细滑沁甜。为桂林名小吃之一。

桂林松糕

桂林松糕用糯米掺粳米适量磨成粉，稍掺些黄糖水拌匀，再将半干半湿的米粉层层撒入蒸桶中蒸一至两小时熟透即成。其味松软爽口，香甜宜人，若再配以荔浦芋头丁，其味更佳。桂林习俗，松糕一般用于喜庆场合，如生日贺寿、得子、

新屋上梁等, 常赠以松糕, 以示庆贺。为桂林的著名风味小吃, 今市场上亦不时有售。

桂林三宝

"桂林三宝" 即辣椒酱、豆腐乳、三花酒。其中三花酒"蜜香清雅, 入口柔绵, 落口爽冽, 回味怡畅", 是中国米香型白酒的代表。桂林三花酒以其历史悠久, 工艺独特、品质优良而备受中外游客的青睐。三花酒酒质清澄透明, 酒味醇厚芳香。三花酒相传始于明朝。至于为何名为"三花", 众说不一。一种说法是: 在摇动酒瓶时, 只有桂林三花酒会在酒液面上泛起晶莹如珠的酒花。这种酒入坛堆花, 入瓶要堆花, 入杯也要堆花, 故名"三花酒"。另一种说法是说桂林三花酒因为要经过三次蒸馏而成, 故旧名"三蒸酒""三熬酒"。大约是文人墨客们觉

得这名字太土气了，为了增点文化气，才叫成了"三花"。三花酒之所以优质，除了与采用清澈澄碧，无怪味杂质的漓江水、优质大米、精选的酒曲有关外，还因为桂林冬暖夏凉的岩洞所构成的特有的贮存条件，才使酒质愈加醇和芳香。

此外，荔浦芋头、板栗粽、恭城油茶、灵川狗肉等也都是桂林特产，现在"小小"的桂林西瓜霜也让人们对桂林开念念不忘。

五、畅游桂林

（一）人文桂林

桂林是一个文化底蕴很深厚的城市，桂林的读书岩彰显了桂林人对读书人的敬重。在靖江王城城门上高高挂着"三元及第""榜眼及第"的匾额，桂剧《大儒还乡》里描写的陈宏谋，也是历史上有名的人物。

桂林出过很多有名的文人、词人；很多历史上著名的文人曾经住在桂林，抗战期间桂林更是当时全国文化活动的重镇，郭沫若、茅盾、夏衍、欧阳予倩等一大批文人都聚集在桂林，大力开展文化活动，演出剧目，建立出版社，发行报纸杂志。

桂林向来都是人文发达的地方，在广西的城市中桂林是文化最发达的地方。戏剧文化在广西首屈一指，桂林有桂剧、彩调、桂林渔鼓等多种形式的戏剧。在广西文艺最高奖"铜鼓奖"获奖剧目中，桂林获得的奖项历来名列前茅。

地灵人杰的桂林人文景观与自然景观相映成趣，给精致山水增加了厚重的色彩。

甄皮岩：迄今中国发现人骨数最多，保存最好的新石器时代人类洞穴遗址，也是华夏始祖之一，为桂林古文化之灿烂瑰宝。

桂海碑林：荟萃由唐至清代珍贵石刻墨本200余件，为古代书法艺术之林。

古南门景区：建于唐代，门前有千年

古榕。榕湖、杉湖似城中碧玉镶嵌两旁。

花桥：宋代建，设计优雅，造型精致，颇具古代建筑价值。

靖江王城、王陵群：明代靖江王府的城垣城高门深、气势森严，为故宫的缩影。靖江王共传了13代，有11代葬尧山，为中国最大的藩王群陵。在古王城内的靖江王府博物馆，内置"王族特权""王室生活""王府变迁"展厅，为您展示了明代王府，清朝贡院，民国省衙，当今学宫的兴废沧桑。

七星岩雕刻：七星岩的明代雕刻"龟蛇合一"，为道教标记。

蒋翊武就义碑：1921年孙中山督师北伐在此立碑，追念其功。

八路军办事处：1938年设，周恩来曾三临桂林指导工作。

李宗仁陈列馆：有故居、官邸，为原国民党政府代总统李宗仁居住、政务之处。

熊本馆：在西山公园内，日本民居式建筑，体现熊本居民生活习俗和情趣，是中日两市人民友好合作的象征。

太平天国文物陈列馆：建于唐代的云峰寺，现陈列太平军围攻桂林的文物资料。

中国岩溶地质馆：位于七星路40号，是中国唯一的，也是世界最大、内容最丰富的岩溶地质科学博物馆。展品2000余件，其中有大量稀世珍贵标本。

桂林博物馆：位于西山公园内，是一座以桂林历史文化为主要内容的博物馆。有"桂林历史文物陈列"、"广西少数民族风俗陈列"、"国际友人礼品陈列"等项内容，共藏文物21500件。

桂林天然奇石馆：桂林天然奇石馆座落在桂林市七星公园，设有醉石亭及奇型、奇韵、奇采、

奇珍四个展厅，展出各类奇石精品800余件。是桂林山水文化的一颗明珠。

（二）新桂林——从"三山两洞一条江"到"两江四湖"

传统的桂林山水经典是三山（独秀峰、伏波山、叠彩山）、两洞（芦笛岩、七星岩）、一条江（漓江），来桂林不可不看。新桂林的"两江四湖"就是在传统精华的基础上，"显山露水、连江结湖、开墙通景、增绿减尘"。这"两江四湖"连接漓江、桃花江、沟通榕湖、杉湖、桂湖、木龙湖构成环城水系，引水入湖，修建了十八座名桥，再现"千峰环野立，一水抱城流"的景观，水上市区游的梦想成为现实。桂林要向世界展现"城在景中，景在城中"的独特风貌。

两江四湖风景带有三个主题景区，即：以木龙古渡、古城墙为主景，宝积山、叠彩山等为背景、体现城市文化的木龙古水道景区；以山林自然野趣为特色的桂湖景区；以体现"城在景中，景在城中"山水城市空间特征为特色的榕、杉湖景区，通过重塑临水地段的自然景观和人文景观，再现山水城的水系风采。

两江四湖环城水系可以说是桂林城区的灵魂。绸缎似的江，翡翠般的湖，给中外游客的感受是，舟行碧波上，人在画中游。得天独厚、无可比拟的天然优势，使得两江四湖成为桂林城区的主打名片：中国人居环境范例奖、国家4A级景区、广西十佳景区……层层的光环，打造出桂林市民绝美的后花园。

榕、杉湖景区位于桂林城中央，是一个水体相连的连心湖。它以阳桥为界，东

为杉湖, 西名榕湖, 因湖岸生长的榕树、杉树而得名。唐宋时期, 为人工开掘的城南护城河, 称为南阳江。元代称为鉴湖, 明代城池扩建, 成为内湖。

自清代始, 富绅名士纷纷于湖岸边结庐而居, 文人墨客于湖畔吟诗作赋, 一时间成为桂林文化活动的中心。先后建有唐景崧的五美堂别墅。王鹏运的祖居西园, 李宗仁官邸, 白崇禧的桂庐, 马君武的故居。如今大多故居已了无踪迹, 仅余存李宗仁官邸和桂庐。北斗桥位于榕湖, 东连湖心岛, 西连古南门, 桥形布局走向按北斗星分布, 故名北斗桥。桥面栏杆全部用房山高级汉白玉打制, 是广西目前最长的汉白玉桥。整座桥桥形美观, 工艺精致, 晶莹剔透。日月双塔坐落在杉湖中, 日塔为铜塔, 位于湖中心, 高41米, 共9层, 月塔为琉璃塔, 高35米, 共7层。两塔之间以18米长的水下水族馆相连。铜塔所有构件如塔什、瓦面、翘角、门拱、雀替、门窗、柱梁、天面、地面等均由钢材铸锻而成，并以精美的铜壁画装饰，整座铜塔获得了三项世界之最——世界上最高的铜塔，世界上最高的铜质建筑物，世界上最高的水中塔。日月双塔是桂林两江四湖夜景重要的景色之一。

桂湖景区有宋代城西护城河。南北长约1713米，平均宽度110米，为历史上桂林护城河的重要组成部分。"老人高风""桂岭晴岚"为传统名景，沿湖栽有大量名贵乔木花草，榕树园、银杏园、雪松园、水杉园、木兰园、棕榈园等园林景观与西清桥、宝贤桥、观漪桥、丽泽桥、迎宾桥等新景桥构成了一个集名树、名花、名草、名园、名桥于一体的博览园。澄碧的湖水，摇曳的枝头，奇特的山峰构成了今天之桂湖水城。走在湖边，荡漾湖中，棕榈欢歌、崖花水藻、丛发清绮，老人高风等景渐入眼帘，置身其中，倍感清新幽雅、舒适恬静，无处不体现"天人合一"

的完美境界。

木龙湖景区突出了自然山水与历史文化相融合的特点，在木龙湖北侧依托宋代东镇门、宋城墙遗址等历史人文景观，建设包括宋街、半边街、古宋城、木龙塔、木龙夜泊、浅桥鱼影、听荷轩等具有宋代建筑气息的古建筑群落的景点，木龙塔是以上海宋代的龙华塔为蓝本建造的，高45米。在木龙湖南侧与叠彩山之间建以观赏林地、草地、溪流、瀑布为主的生态景观带。在叠彩山与铁封山之间开有长约1100米的"木龙湖"。